팔만대장경

6

누구나 다 알지만
잘 안읽은 이야기

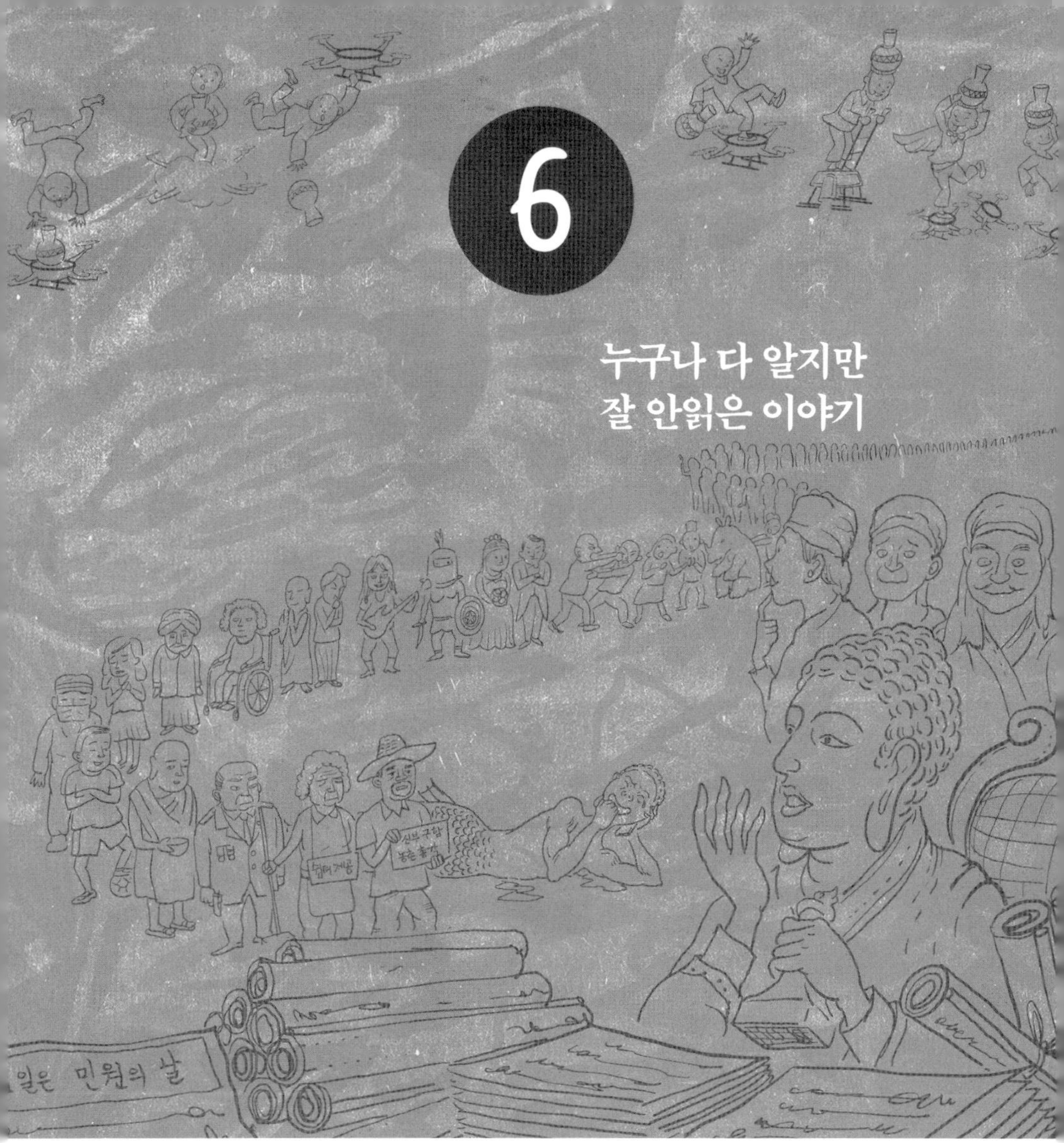

6

누구나 다 알지만
잘 안읽은 이야기

팔만대장경

말씀한 이: 부처님
엮은이: 신현득
그림그린이: 송교성

솔바람

차례

3 다섯 빛깔 사슴왕

책머리에

팔만대장경은 이야기의 산이지요

국보 32호 팔만대장경은, 나라의 보물입니다. 유네스코에서 세계 기록유산으로 지정한 세계의 보물이기도 합니다.

해인사 대장경은 고려 고종 임금 때 몽고가 침입하자, 부처님 힘을 빌어 나라를 지키기 위해서 1237년부터 16년 동안에 이룩한 것입니다. 호국정신에서 이룬 국가사업이었습니다.

그것은 우리 조상님들이 부처님 말씀 모두를 한 자씩 나무에 새겨서 만든, 8만 1천 258매의 경판입니다.

우리 조상님들은 이 한 자, 한 자를 새기면서 외적이 물러나서 나라에 평화가 오기를, 국민 모두 잘 살게 되기를, 후손이 잘되기를 빌었다 합니다. 팔만대장경은 우리 조상님들이 쌓은 정성더미입니다.

여기에 새겨진 부처님의 가르침은 아주 알기 쉬운 것입니다. 지키기도 쉬운 것이지요. 그 말씀을 다음 몇 마디로 간추릴 수 있습니다.

—착한 일을 하라. 착한 일을 하면 복이 온다. 나쁜 일을 하지 말라. 나쁜 일을 하면 화를 만난다.

이 가르침은, 착한 일을 한 만큼 복이 오니 착한 일을 많이 하라는 가르침입니다. 이것은 하나의 과학이지요. 나쁜 일을 한 사람에게 복이 오는 일은 절대 없으니까요. 부처님의 말씀 전체가 '복 짓는 방법 배우기'입니다.

인류의 스승이신 부처님은, 지구촌 모두가 그 가르침을 실천해서 복 받기를 바라셨습니다. 그래서 더 쉽게 부처님 공부를 할 수 있도록, 재미있는 이야기를 곁들이셨어요. 이것이 '불교 설화', '불교 동화'입니다.

부처님이 들려주신 이야기는 많고 많아서 몇 편이 되는지는 아직까지 밝혀내지 못하고 있습니다. 간단히 '이야기의 산'이라 하면 될 것입니다. 팔만대장경은 복 짓는 이야기의 산입니다.

그래서 지구촌 사람들은 부처님을 세계 최초의 이야기 할아버지로 부르게 되었고, 부처님 말씀인 팔만대장경이 세계 아동문학의 보배 창고인 걸 알게 되었습니다.

부처님은 "나는 수많은 전세상에서 복을 지어 부처가 되었다." 하고, 전생 이야기를 많이 하셨는데 이를 '본생담'이라 합니다.

부처님은 전생에, 착한 코끼리의 왕, 착한 원숭이의 왕, 착한 사슴의 왕, 착한 토끼의 왕, 착한 공작새의 왕, 착한 물고기의 왕으로 있으면서 착한 일로 공덕을 쌓아 부처님이 되셨습니다.

본생담 547개 이야기를 하나로 엮은 '본생경'이 이루어진 것은, 기원전 4세기였습니다. '세계 아동문학사'에서 본생경을 세계 최초의 동화집으로 기록하고 있습니다. 이 이야기를 모두 부처님이 하셨으니 부처님은 세계 최초의 동화작가셨습니다.

부처님이 들려주신 이야기 산의 일부인 본생경을 '자타카'라고도 하는데, 자타카가 유럽에 전해져서 이솝이야기의 일부가 되었다는 것은 퍽이나 흥미 있는 사실입니다. 몇 가지 이야기만 찾아볼까요?

대머리에 붙은 파리를 잡기 위해 몽둥이로 사람을 다치게 한 본생경 44번째 「모기의 전생이야기」가 이솝이야기의 「대머리 남자와 파리」가 되었습니다.

본생경 189번째 「사자 가죽을 쓴 나귀」가 같은 제목의 이솝이야기 「사자 가죽을 쓴 나귀」가 되었지요. 사람들이 사자 가죽을 쓴 나귀를 사자로 알고 있었는데, 그 나귀가 나귀 울음소리를 냈다가 본색이 드러난 이야기입니다.

암코양이가 나뭇가지에 앉은 닭을 속여서 잡아먹으려다 실패하는, 본생경 383번째 「닭의 전생이야기」는 이솝이야기 「여우와 닭」이 되었답니다.

이처럼 팔만대장경은 이야기의 산이요, 인류의 보물입니다.

이 책 『누구나 다 알지만 잘 안읽은 이야기 팔만대장경』 4권까지는 엮은이가 2011년 1월부터 2012년 12월까지 법보신문에 연재한 『신현득 할아버지의, 부처님이 들려주신 이야기란다』에서 주로 뽑은 것입니다. 이제 5권부터는 부처님의 '자타카'를 다시 읽고 조금씩 다시 쓴 이야기도 있습니다.

독자들은 우리 조상들이 호국정신에서 이룩한 이 팔만대장경에서 부처님이 들려주신 복 짓는 여러 지혜를 배우게 될 것입니다.

어른들은 어린이에게, 어린이들은 어른에게 서로 읽어주며 이야기 나누는 책이 되길 바랍니다.

1

볶은 깨 심기

갈대의 전설

"대왕님, 목이 몹시 마릅니다. 이 연못에 들어가서 물을 마셔도 될까요?"

원숭이들이 원숭이 왕에게 물었습니다. 원숭이 왕은 연못가에 찍힌 발자국을 보고 말했습니다.

"연못으로 들어간 짐승의 발자국은 있는데, 나온 발자국이 없구나. 들어가지 말라."

원숭이들은 원숭이 왕이 시키는 대로 연못가에 들어가지 않고 둘러서서 있었습니다. 얼마 있자니, 연못 속에서 야차 귀신이 모습을 내밀었습니다. 야차의 얼굴은 하얗고 손발은 빨갰습니다. 배때기는 푸른 빛깔이었습니다.

"원숭이들아, 왜 물 마시러 들어오지 않니? 몹시 목이 마를텐데."

야차가 원숭이들을 꾀었습니다.

"연못에 찍힌 발자국을 보니 안 들어가고 싶어. 나온 발자국이 없는 걸. 모두 너희 밥이 됐을 테지."

원숭이 왕이 말했습니다.

원숭이 왕은 원숭이들에게 갈대를 꺾어 오게 하였습니다. 원숭이 왕이 갈대를 놓고 주문을 외운 다음 갈대를 입에 물고 훅, 불었습니다. 그 전까지는 뚫려 있지 않던 갈대 줄기가 대롱처럼 뚫렸습니다.

"저 야차 귀신의 힘은 물가에까지 미치지 못한다. 뿐더러 이 갈대에도 미치지 못한다."

원숭이 왕은 갈대를 길게 잇도록 하였습니다. 그 갈대를 연못에 드리워 놓고 연못 둑에 앉아서 물을 빨아먹었습니다.

그 뒤로부터 갈대 속이 비게 되었다고 합니다.

(본생경 20번째 이야기)

앵무새왕

3000마리 앵무새 무리를 거느린 앵무새왕이 있었습니다. 무리 가운데서 힘센 두 마리 앵무새가 왕을 즐겁게 하려고 대나무 줄기로 수레를 만들었습니다.

"대왕님, 이 수레에 타십시오."

앵무새왕은 수레를 타고 놀이를 즐겼습니다.'앵무새왕이 수레로 행차를 할 때는 500마리의 앵무새 무리가 왕을 호위하였습니다. 왕에게는 여러 가지 놀이기구도 있었습니다. 그러나 앵무새왕은 조금도 즐겁지 않았습니다.

"조용히 부처님 공부를 하고 싶다. 무리를 벗어나야지."

앵무새왕은 짐짓 아프다며 먹이를 먹지 않았습니다. 그러다가 거짓으로 눈을 감고 죽은 척하였습니다.

그러자 앵무새들이 떠들었습니다.

"우리 대왕이 돌아가셨다!"

"이제 우리가 받들 대왕을 찾아 나서야 한다."

새들은 소쿠리를 끌고 와서 죽은 척하고 있는 앵무새왕을 덮었습니다. 그러고 다른 앵무새왕을 찾아갔습니다.

"대왕이시여. 우리 왕은 세상을 떠나셨습니다. 우리를 신하로 삼아주십시오."

그러자 그 앵무새왕이 말했습니다.

“그렇다면 너희 왕의 시체를 가져 오너라.”

그런데 돌아와 보니 앵무새의 시체가 없어졌습니다.

‘어찌된 일일까?’

다시 찾아보니 앵무새왕은 살아서 조용히 참선을 하고 있었습니다.

앵무새들은 왕 앞에 나아가 머리를 조아렸습니다.

“대왕님, 전과 같이 대왕님을 받들면 되겠습니까?”

앵무새왕이 말했습니다.

“세상에 믿을 것이 없다는 말이 맞구나. 내가 죽은 척하자 너희들은 소쿠리로 나를 덮어놓고 달아났다. 이제 와서 다시 너희들 왕이 되라고 하니 싫구나. 중들은 머리털과 수염까지 마음을 어지럽히는 것이라며 깎아 없앤다. 부처님 공부를 하기로 한 내가 이제 다시 왕이 되어서 무엇하겠는가?”

(육도집경)

볶은 깨 심기

어떤 사람이 깨를 날로 먹어보았습니다. 비린내가 나고 맛이 적었습니다. 볶은 깨를 먹어 보았더니 맛이 좋았습니다.

"깨는 볶아 먹어야 고소해."

그는 볶은 깨를 먹으면서 생각했습니다.

'날 깨는 왜 고소하지 않지? 볶은 깨가 열린다면 볶지 않아도 고소하고 좋겠군.'

그는 '볶은 깨가 열리게 할 수는 없을까' 하고 궁리하다가 무릎을 치며 좋아했습니다.

볶은 깨를 심으면 볶은 깨가 열리리라는 생각을 한 것입니다.

"날 깨를 심어 날 깨가 열리는 걸 보면, 볶은 깨를 심으면 볶은 깨가 열릴 것이 분명해."

그는 '놀라운 생각을 했다' 싶어 아주 기뻤습니다.

곧 깨를 볶았습니다. 밭을 갈고 볶은 깨를 심었습니다.

지나가던 마을 사람들이 물었습니다.

"무엇을 심는데 이렇게 고소한 냄새가 나는가?"

"볶은 깨를 심고 있네."

"볶은 깨를 심다니?"

그는 귀찮다는 투로 대답했습니다.

"자네들은 날 깨를 심으면 날 깨가 열린다는 걸 알고 있을 테지? 볶은 깨를 심으면 볶은 깨가 열린다는 걸 모르는가?"

그는 볶은 깨를 심은 뒤 물을 주고 거적을 덮어 주었습니다.

(백유경 24번째 이야기)

4月
깨 심는 날

남의 그림자를 제 그림자로 알아

얼굴은 예쁘지만 소견이 부족한 며느리가 시어머니께 꾸중을 들었습니다. 속이 상한 며느리는 연못 우물가 나무에 올라가 몸을 숨기고 있었습니다. 그림자가 연못에 비쳤습니다.

이웃 못난이 계집종이 물을 길으러 연못에 와 보니 예쁜 여인의 그림자가 연못에 비춰 있었습니다.

'내 얼굴이 이렇게도 예쁘구나!'

자기 그림자를 미처 살피지 못한 계집종은 혼자 감탄했습니다.

"이렇게도 예쁜 내가 무엇 때문에 남의 집 물을 긷고 종살이를 한담."

계집종은 이렇게 소리친 다음 가지고 온 항아리를 메어쳐 깨 버렸습니다. 그러고 상전에게 가서 대들었습니다.

"제 얼굴이 이렇게도 단정한데 어째서 항아리로 물 긷는 일을 시키십니까?"

상전은 무슨 영문인지 몰라 계집종이 귀신이 들린 것으로 생각했습니다.

계집종은 물을 길으러 와서 물항아리를 부수었습니다.

나무 위 며느리는 이것이 우스워서 "해해-해해" 웃었습니다.

드디어 계집종은 물그림자가 제 모습이 아닌 것을 알았습니다. 살펴보니 제 그림자는 따로 있는 것이었습니다.

(대장엄론경 81번째 이야기)

두 가지를 다 잃어

욕심쟁이 승냥이가 고기 도막을 물고 강가를 지나가고 있었습니다.

그때 강물 속에서 고기 한 마리가 물가로 튀어나왔습니다.

"옳거니, 요놈도 내 것이다!"

승냥이는 고기 도막을 놓고 물고기를 물려고 하였습니다. 그러나 고기가 팔짝 뛰어서 물속으로 들어갔습니다.

"아깝다, 아까워."

승냥이가 강물을 들여다보고 있는 사이에 새 한 마리가 날아와서 고기 도막을 채어 갔습니다. 욕심쟁이 승냥이는 고기 도막과 물고기를 다 잃었습니다.

(본생경 374번째 이야기)

성낸 자에게는 설법을 못해

어느 왕이 설법을 들으려고 절에 왔습니다. 상력이라는 비구가 마침 설법을 할 차례여서 왕 앞에 섰습니다.

왕은 신을 신고 머리에 수건을 두르고 있었습니다. 이것은 설법을 듣는 태도가 아닙니다.

상력 비구는 왕에게 말했습니다.

"대왕이시여! 일찍이 부처님은 강당에서 신 신은 자에게 설법을 하지 말라고 하셨습니다. 신을 좀 벗어 주실까요."

그러자 왕은 속으로 이렇게 말하며 신을 벗었습니다.

'이 비구가 나에게 창피를 주고 있구나.'

상력 비구는 다시 말했습니다.

"대왕이시여! 일찍이 부처님은 강당에서 수건 쓴 자에게 설법을 하

지 말라고 하였습니다. 수건도 벗어 주실까요.”

그러자 왕은 화가 났습니다.

‘이 비구가 정말 나에게 창피를 주려 하는구나. 수건을 벗겨 나의 흰 머리카락을 대중에게 보이려고 하는 것이로군. 여차하면 단칼에 베어 버리리라!’

왕은 이런 생각을 하며 수건을 벗었습니다.

“대왕이시여! 일찍이 부처님은 성낸 자에게 설법을 하지 말라고 하셨습니다. 대왕은 지금 사람을 해치려고 하고 있어요. 그 마음을 거두어 주실까요.”

(출요경, 수품)

수학의
정설
청소
박사

소질에 따라 가르쳐라

목련 존자가 두 제자를 가르쳤습니다. 제자 한 사람은 남의 옷을 깨끗이 빨아주는 세탁소집 아들이었습니다. 다음 제자 한 사람은 쇠붙이 연장을 만들어 시장에 내다파는 대장간집 아들이었습니다.

목련이 대장간 아들에게는 청결을 가르치고, 세탁소집 아들에게는 셈하기를 가르쳤습니다. 그런데, 이해가 부족해서 공부가 잘 되지 않았습니다.

사리불 존자가 이걸 알고 이렇게 일러주었습니다.

"두 제자에게 교재를 바꾸어 보시지요."

목련이 바꾸어 가르치자 훨씬 이해가 빨랐습니다.

세탁소집 아들은 늘 더러운 빨래에서 때를 빼는 것을 보면서 자랐기 때문이었습니다. 대장간집 아들은 만든 연장을 세어서 시장에 내다 팔고 값을 계산하는 걸 보면서 자랐기 때문이었습니다.

(대장엄론경)

목련

부처님의 10대 제자 중 신통제일의 제자. 목건련, 목갈리야나

사리불

부처님 10대 제자 중 지혜제일의 제자. 샤아리프트라

벙어리 왕자

왕자가 태어났습니다. 이름을 묘백이라 했습니다.

묘백은 태어나면서 전생의 일과 닥쳐올 세상의 일을 다 알았습니다.

'전생에 나는 왕이었다. 착한 정사를 베풀었는데도 태산지옥에 들어가서 몇 천 년 동안 몸을 태우고, 찢기는 고통을 당했다. 울부짖어도 구원하는 이가 없었다. 다시 태어난 이 세상에서 또 죄를 지어 지옥에 갈지 모른다. 에라 입을 다물자.'

왕자가 입을 다물었습니다.

"우리 왕자님은 벙어리로 태어났나봐. 울음소리도 내지 않는다."

"글쎄, 아무래도 이상하단 말이야."

왕자를 돌보는 시녀들이 수군거렸습니다.

"왕자님, 웃어 보아요. 까깍 까르르르."

"왕자님, 묘백 왕자님. 이건 노리개여요. 흔들면 딸랑딸랑 소리 나지요."

시녀들이 아무리 얼러도 왕자는 말이 들리지 않는 척했습니다.

"왕자님은 벙어리에다 귀머거리야."

"틀림이 없어."

궁궐사람들은 쑥덕거려, 궁궐 밖으로 말이 새어 나왔습니다. 일반 백성들까지 알게 되었습니다. 그러자 백성들이 쑥덕거렸습니다.

"하나밖에 없는 왕자가 병신이라면서?"

"글쎄, 그렇다는 말이 있더군."

그러나 하나밖에 없는 왕자여서 장차 왕이 될 태자로 봉하는 수밖에 없었습니다.

왕자는 13살까지도 말을 하지 못했습니다.

“나라 망신이다. 이를 어쩔꼬!”

왕과 왕비는 하늘이 꺼지는 듯 걱정을 했습니다.

“어쩌면 좋을꼬!”

왕은 바라문 예언자들을 모아놓고 물어 보았습니다. 엉터리에다 거짓말쟁이인 바라문 한 사람이 왕자의 관상을 보고 말했습니다.

“왕자님은 액운을 타고 나셨습니다. 그래서 다음 왕손조차 태어나지 못하게 될 것입니다. 가여운 일이기는 합니다만 땅에다 묻으셔야 됩니다.”

“산 채로 태자를 묻어?”

“산 채로 묻으셔야지요. 그렇지 않고는 나라에 액운이 가시지 않을 것 같습니다. 왕자님을 묻고 나면 곧 다음 왕자가 탄생하실 것입니다.”

“그래?”

바라문의 말을 듣고 왕과 왕비는 목을 놓아 울었습니다.

“불쌍한 저것을 생매장하다니!”

사.... 살려주세요
지금 말을 하고 있잖아요!

그러나 나라의 운명이 걸린 문제여서 도리가 없었습니다.

태자 묘백은 신하의 손에 잡혀 수레를 탔습니다. 수레는 성밖의 동산을 향해가고 있었습니다. 거기에 왕자를 묻을 구덩이를 파고 있었습니다.

"가여운 태자님이셔."

"너무도 가여운 일이야."

태자가 가엾다며 일하는 사람들까지 울먹이고 있었습니다. 태자는 알아차렸습니다.

'이 사람들이 나를 산 채 묻으려 하는구나.'

신하가 잠깐 자리를 비운 사이에 태자는 수레에서 내려 냇가로 갔습니다.

몸을 씻고 향유를 바른 다음 가지고 온 예복을 갖추어 입었습니다. 그는 일하는 사람들에게 가서 물었습니다.

"구덩이는 무엇하러 파시오?"

사람들이 말했습니다.

"가여운 일이죠. 우리 묘백 태자님이 벙어리에 귀머거리여요. 땅에 묻어 버리지 않으면 나라에 액운이 이어진대요."

"무슨 소린가? 내가 묘백이다. 지금 나는 말을 하고 있지 않는가?"

사람들이 태자를 쳐다보았습니다.

"아니? 태자님에 틀림없으시다. 태자님이 말을 하신다!"

"어? 말을 하시네."

한 사람의 시종이 도성으로 뛰어들어갔습니다.

"태자님이 말을 하셔요. 말문이 열렸어요. 아주 말씀을 잘 하셔요. 저기 가 보세요."

"그래요?"

사람들이 성문을 빠져나가 동산으로 이어졌습니다. 길이 메어질 정도였습니다.

다시 시종은 대궐로 뛰어들었습니다.

"대왕님, 기쁜 일입니다. 태자님이 말을 하셔요. 말문이 열렸어요. 아주 말을 잘하셔요."

울고 있던 왕과 왕비는 귀가 번쩍 틔었습니다.

"뭐 뭐 뭐, 태자가 말을 해?"

"말문이 열렸어요!"

"이거 기쁜 일이다. 당장 수레를 내어라. 가 봐야겠다."

왕과 왕비는 동산에 이르렀습니다.

그런데 이게 웬 일일까요? 동산에는 큰 연못이 새로 이루어져 있고, 옥난간을 두른 연못에 맑은 물이 솟고 있었습니다. 꽃은 피어서 웃고, 새가 우짖고 있었습니다.

과일 나무들이 줄을 서 있고 과일나무에 달린 과일들이 향기를 뿜고 있었습니다.

'이것은 전에 없던 광경이다. 태자의 조화인가보다.'

왕은 생각했습니다.

동산 복판에 큰 나무가 있는데 그늘이 짙었습니다. 거기에 법복을 입은 스님이 앉아 있었습니다. 묘백 태자였습니다.

"왕자가 스님이 되었나?"

왕이 놀라고 있는 사이에 왕자는 걸어나와 부왕 앞에 머리를 숙였습니다.

"아버님! 걱정을 끼쳐 드려 죄송합니다. 만백성들에게도 죄송합니다."

"과연 태자는 말을 하는구나."

"말을 할 줄 아는 것뿐 아닙니다. 저는 태어나면서부터 3생의 일을 다 알고 있었습니다. 제가 전생에 왕으로 있었던 때가 있었습니다. 그 때 저는 착한 정사를 베풀려고 했었는데도 지옥에 떨어져 몇 천 년 동안 고생을 했습니다. 그래서 말을 하지 않으려 했던 것입니다. 죄송합니다. 아버님, 어머님."

"그랬었구나. 그 전생의 일을 말해 보아라."

왕과 모여든 백성들이 모두 태자의 이야기를 들었습니다.

"저는 전생에서 25년 동안 수념이라는 왕으로 있었습니다. 나라에 매와 몽둥이를 두지 않았고 칼과 무기를 쓰지 않았으며 감옥을 없애 버렸습니다. 다만, 나라 안을 순회할 때 따르는 무리를 많이 두었고, 인도하는 신하를 많이 두었습니다. 그 때문에 백성들의 원망을 샀으므로 지옥에 떨어졌던 것입니다."

"그런 작은 죄악으로도 지옥에 가느냐? 그렇다면 나는 어쩔꼬? 진실로 너의 이야기는 나를 가르치는 바가 크다. 자, 그럼 어서 대궐로 돌아가자. 너에게 왕위를 물려주리라."

"아버님, 죄송하오나. 저에게 출가를 허락해 주십시오. 이제 곧 왕자가 태어날 것입니다. 그 아우에게 왕위를 물려주십시오."

묘백은 출가를 하고 말았습니다.

(육도집경 계도무극장 태자묘백경)

2

임금 노릇은 괴로워

거문고 소리를 가져 오라

어리석은 임금이 거문고 소리를 들었습니다.

"저것이 무슨 소리인가?"

임금이 물었습니다.

"거문고 소리입니다."

신하들이 대답했습니다

"아름답기도 하구나. 저 거문고 소리를 가져 오너라!"

신하들은 왕의 분부를 듣고 거문고를 가져왔습니다.

왕은 화를 내며 말했습니다.

"소리를 가져 오라고 했는데 왜 이것을 가져 오는가?"

신하들이 대답했습니다.

“그 아름다운 소리는 이 악기 속에서 나는 것입니다. 이것이 아니면 소리가 나지 않습니다. 아까 그 소리는 벌써 멀리 지나가고 말았습니다.”

“그렇다면 이것은 거짓 물건이다. 저리 가져 가거라.”

어리석은 임금은 거문고를 내치고 말았습니다.

(잡아함경 43권 금경)

배고픈 백성들에게 음식의 비가 내려

금색왕이라는 착한 임금이 있었습니다. 백성을 사랑하는 임금이었습니다. 백성들이 존경하는 임금이었습니다.

어느 날, 이 나라의 밤하늘에 붉고 큰 별이 나타났습니다. 옛적부터 전해오는 말에, 붉은 별이 나타나면 날이 가문다고 했습니다.

"큰일 났습니다. 대왕님. 저 별이 세상을 말리게 될 것입니다. 별의 크기로 봐서 12년 동안, 비 한 방울 내리지 않을 것입니다."

별 공부를 한 학자들이 하는 말이었습니다. 이 말을 들은 금색왕은 기가 막혔습니다.

"정말 그렇게 된다면 우리 백성들은 어찌될꼬? 가난한 이들은 더욱 힘들 텐데."

금색왕은 신하들을 불러 온 백성이 가진 식량을 조사하게 했습니다. 식량을 궁궐에 모으고 백성들도 궁궐로 옮겨 와 살게 했습니다.

"사랑하는 백성들이여! 12년을 이 양식으로 살아야 한다. 이 재난을 견뎌야 한다. 배고픔을 참아야 한다."

금색왕은 울먹이며 말했습니다. 그러고 모은 곡식을 조금씩 꺼내어 목숨을 이어갈 만큼만 나눠주었습니다. 금색왕도 몸소 배고픔을 견디며 식량을 아꼈습니다.

이렇게 해서 11년을 견뎌냈습니다.

"이제 한 해만 더 견디자."

금색왕이 백성들에게 이 말을 하려는데, 창고지기 신하가 달려 왔습니다.

"대왕님! 나라의 곳간이 비어버렸습니다. 나뭇잎도 다 말라버렸는데 백성들은 무엇을 먹고 살지요?"

"이를 어쩐담."

금색왕은 한숨을 쉬며 신하들과 나라 일을 걱정했습니다. 그때 먼데서 날아오는 새 한 마리가 보였습니다.

"이 가뭄을 견딘 새가 있군."

금색왕이 말했습니다.

"아닙니다, 대왕님. 공중을 날아오는 저것은 사람입니다."

날아온 사람이 금색왕 앞에 와서 앉았습니다.

"대왕님. 저는 깊은 산중에서 도를 닦는 사람입니다. 날아다닐 수 있는 재주를 갖게 되었지요. 이 가뭄에 산과 골짜기에는 풀잎이 말라버렸습니다. 그래서 먹을 게 없습니다. 날아다니는 재주를 가지고도 먹을 걸 구하지 못해서 오랫동안 굶주렸지요. 이제 더 허기를 참을 수 없습니다. 대왕님, 저에게 밥 한 그릇을 내려주십시오. 없으면 반 그릇이라도 좋습니다."

금색왕이 듣고 보니 도인의 사정이 딱했습니다.

"도인이여, 이 흉년에 나라의 곳간이 비어 버렸소. 이제 우리 온 백성들은 오늘부터 아무것도 먹을 수 없게 되었소. 그러나, 무엇이나 있으면 찾아온 손님을 대접해야지요."

금색왕이 신하를 시켜 찾아 보니, 온 나라에 겨우 밥 한 그릇이 남아 있었습니다.

"착한 백성들이 대왕님을 하루 동안이라도 더 잡수시게 하자고 한 숟가락씩 덜어서 모은 밥이라 합니다."

금색왕은 신하가 가져온 밥 한 그릇을 도인에게 건네며 말했습니다.

"반 그릇이 아닌, 한 그릇이어서 아주 다행이오. 이것을 드시오!"

"아니, 대왕님의 몫을 그것도 온 백성이 굶는 판에 한 그릇뿐인 밥을…….”

도인은 고마움에 말을 잇지 못하더니 그 밥을 후딱 다 먹었습니다.

“대왕님! 대왕님의 베푸심은 참으로 큰 것이었습니다. 이 12년 가뭄에서 마지막 밥 한 그릇을 베푸신 은혜는 다른 데에 비길 수 없습니다. 착한 이 나라 백성 모두에게 복이 내릴 겁니다. 고맙습니다!”

말을 마친 도인은 허공으로 날아가 버렸습니다.

아니 아니 그런데, 도인이 날아간 하늘에서 구름이 모여드는 것이었습니다.

‘비가 올 구름인가봐? 제발!’

백성들은 구름을 보며 이런 생각을 했습니다. 구름은 나라 안을 덮었습니다

“꽝! 우르르르르…….”

천둥소리가 났습니다.

“어이! 비가 온다!”

그런데, 비가 아니었습니다. 비가 내리듯 음식이 내리는 것이었습니다. 하얀 쌀밥에 반찬이었습니다. 그것이 작은 그릇, 큰 그릇에 소복소복 담겨서 천천히 내려오는 것이었습니다. 향기롭고 맛있는 하늘 음식이었습니다.

쌀가루로 빚은 떡, 깨고물을 묻힌 떡도 있었습니다. 그릇에 담긴 강정과 엿가락도 있었습니다. 하늘 떡, 하늘 과자였습니다. 깨어지지 않는 그릇에 가득가득 담겨서 계속 내려와 땅에 놓이는 것이었습니다. 단단한 봉지에 쌓인 하늘 과일이 내려와 땅에 소복소복 놓이기도 했습니다.

배가 몹시 고프던 백성들은 땅에 가득 놓인 음식을 거두어, 부모님께 먼저 차려드리고 나누어 먹었습니다. 남은 음식을 부엌으로 들여

놓고 이웃끼리도 나누어 먹었습니다.

“이게 모두 우리 백성들 착한 마음에 내리는 복이다. 11년을 다투지 않고 참아온 좋은 결과다.”

금색왕은 백성들을 칭찬했습니다.

“그보다는 우리 대왕님이 배고픈 도인에게 마지막 밥 한 그릇을 베푸신 데서 내린 복입니다.”

신하와 백성들은 임금님 칭찬을 했습니다.

맛있는 음식은 이레 동안 끼니 때에 맞추어 내렸습니다.

다음 이레 동안은 곡식 비가 내렸습니다. 다음 이레는 돈 비가 내리고, 다음 이레는 칠보의 비가 내렸습니다.

모두 깨지지 않는 그릇에 담겨서 천천히 내려와 놓였습니다. 금색왕의 백성들은 모두 넉넉하게 살 수 있게 되었습니다.

(금색왕경)

노예가 된 임금

살화단왕은 남에게 베푸는 일을 기쁨 삼는 임금이었습니다. 그의 가족도 왕의 뜻을 따랐습니다.

"저 대왕은 무엇이나 요구하는 대로 베푸신다."

온 세상 사람들이 그를 칭찬하게 되었습니다. 그러자 나라 안의 백성뿐만 아니라 먼 나라 가난한 사람들까지 그에게 와서 도움을 청했습니다.

그의 '자선의 집'은 언제나 문이 활짝 열려 있고, 그 앞에는 도움 받으러 온 사람들이 몰려 있었습니다.

살화단왕에 대해서 감동을 한 젊은이 한 사람이 있었습니다.

"다른 나라 왕은 자기의 이득을 위해 백성을 억누른다. 자기의 이득을 위해 이웃나라를 쳐서 빼앗는다. 거기에 견주면 우리 대왕님은 참으로 훌륭하시다. 그런데 남을 위해 몸뚱이까지 주실 수 있을까?'

생각이 깊은 그 젊은이는 그것을 실험해 보기 위해 일을 꾸몄습니다. 젊은이는 이웃나라 사람으로 가장하기 위해 옷 모양과 말씨를 바꾸었습니다. 그리고 왕을 찾아갔습니다.

"대왕님, 저는 먼 나라에서 왔어요. 거기서 대왕님 자선의 집에 대한 이야기를 들었지요. 정말 대왕님은 아낌없이 베푸시는 분이실 테지요?"

옷 모양과 말씨를 보니 이웃나라 사람이 분명했습니다. 왕이 말했습니다.

"그럼요. 무엇이나 망설이지 마세요. 필요하신 것을 이야기하세요."

실험자 젊은이가 물었습니다.

"제가 대왕님의 몸을 얻고자 합니다. 노예가 되어주실 수 있을까요? 대왕의 부인은 여자 노예가 되는 거지요."

그 말을 듣고 왕의 얼굴에는 웃음이 피었습니다.

"나는 일체를 베푸는 사람입니다. 몸뚱이라 해서 아끼지 않지요. 기쁘게 젊은이의 노예가 되겠습니다. 나의 아내도 이에 반대하지는 않을 것입니다."

부인도 같은 뜻이었으므로 왕과 왕비는 그 자리에서 노예의 몸이 되었습니다.

"고마운 일이지. 자 그럼, 지금부터 너희 두 사람은 노예다. 노예는 주인의 명령을 따라야 한다. 노예는 채찍으로 다스리는 법이다. 좋은 옷을 입을 수 없다. 신을 신지 못한다!"

왕과 왕비는 비단 옷을 벗고 누더기를 걸쳐야 했습니다. 신을 벗고 맨발로 걸어야 했습니다. 실험자 젊은이는 살화단왕 내외의 손발을 고삐로 묶더니 채찍으로 때리며 끌고 갔습니다.

비단 옷을 입던 몸에는 매 맞은 자국이 났습니다. 고운 신을 신던 발바닥이 갈라져 피가 흘렀습니다.

"조금만 쉬어갑시다. 지치고 다리가 아파요."

"다리가 아프다고? 아니다. 노예는 채찍을 맞아야 다리가 낫는다."

젊은이는 채찍을 내리쳤습니다.

왕과 왕비는 절뚝거리며 끌려가고 있었습니다.

어느 곳에 이르니 노예 시장이 있었습니다.

"노예는 사고 파는 거다. 너희 내외를 여기서 팔겠다."

노예 시장으로 내외를 끌고 간 젊은이는 왕과 왕비를 세워 놓고 외쳤습니다.

"여기에 튼튼한 노예가 있소. 지난 날에는 왕과 왕비였소."

왕을 노예로 사겠다는 사람이 선뜻 나섰습니다

"그거 재미있는 일이로군. 남자 노예는 내가 사겠소."

왕을 노예로 사겠다는 사람은 공동묘지의 묘지기였습니다.

"그 전까지는 왕이었다구? 나는 묘지기다. 이제부터 험한 일을 해야 한다."

살화단왕은 어두운 밤에 혼자서 묘지를 지켰습니다. 시체를 묻고 장례 치르는 일을 거들었습니다.

"아무리 어려운 고통이라도 참자. 이것이 복 짓는 일이다."

살화단왕은 자기를 타이르며 일을 했습니다.

왕비는, 거기서 떨어진 마을로 팔려갔습니다. 대가집 부인의 몸종이 되었습니다. 대가집 부인은 성질이 사납고 남의 사정을 모르는 사람이었습니다.

몸종이 된 왕비는 새벽부터 밤늦게까지 일에 시달렸습니다.

그러던 어느 날 왕비는 아기를 낳았습니다. 왕궁을 출발할 때부터 왕비는 아기를 가졌던 것입니다.

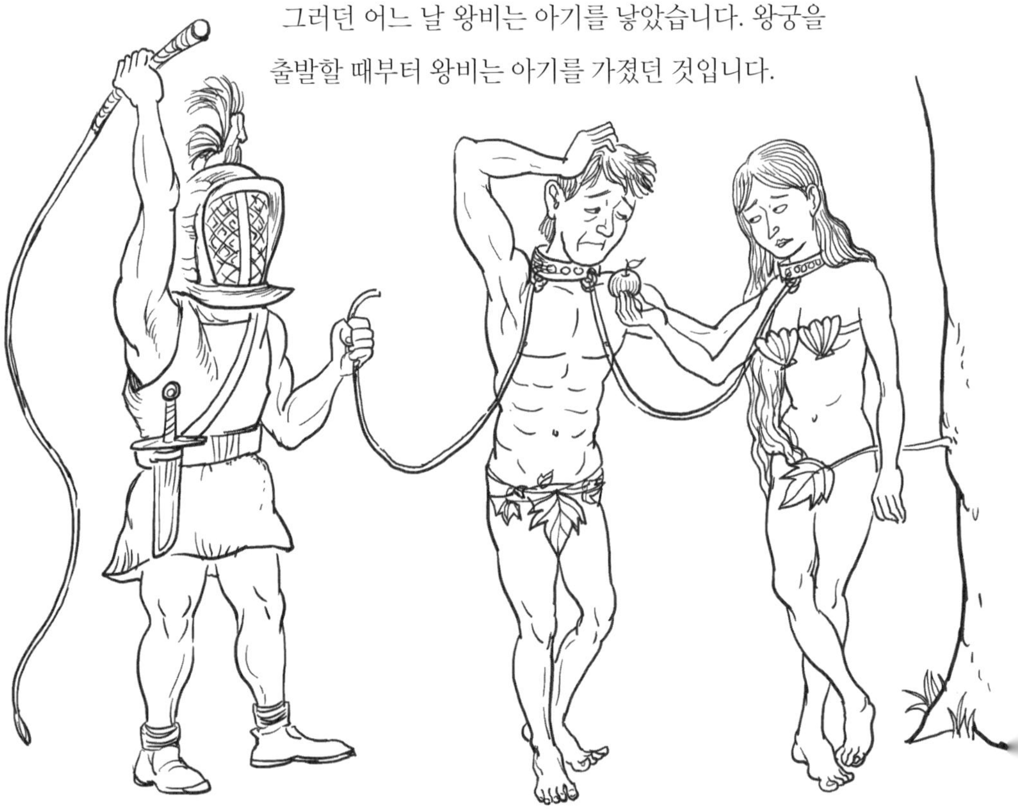

"네가 노예로서 어떻게 아이를 기르겠느냐? 내다버려!"

왕비는 아기를 기를 수 없게 되었습니다. 그런데 이런 고통 속에서 낳은 아기는 벌써 죽어 있었습니다.

왕비는 아기의 주검을 안고 묘지로 갔습니다. 왕이 묘지를 관리하고 있었습니다.

"아기가 태어났는데 오늘 죽었어요."

"아니, 저런!"

그 순간이었습니다. 오랜 꿈을 깨듯이 세상이 바뀌었습니다. 그것이 누구의 도움이었는지는 모르는 일이었습니다.

왕은 대궐의 옥좌에 앉아 있고, 그 옆에는 왕비가 앉아 있었습니다. 죽었다던 아기는 방글방글 웃으며 왕비에게 안겨 있었습니다.

왕비의 깨끗하고 웃음 띤 모습이나 신하들이나 대궐의 광경이 전과 다름없었습니다. 노예의 주인이라며 떵떵거리던 젊은이가 왕의 옥좌 앞에 꿇어엎디어 있었습니다.

'꿈을 꾸었던가? 나는 분명히 묘지기네 노예로 있었지. 저 젊은이가 나를 노예 시장에 내다팔았어.'

젊은이가 절을 하며 감동의 눈물을 흘렸습니다.

"대왕님. 사실 저는 외국 사람이 아니라, 대왕님의 백성입니다. 훌륭하신 대왕님의 더 훌륭한 점을 알아보기 위해서 일을 꾸민 것이었습니다."

"그런가? 젊은이는 내일부터 내 곁에서 나라 일을 돕도록 하라!"

왕은 그 자리에서 젊은이를 신하로 채용했습니다.

높은 허공에서도 소리가 들려왔습니다.

"착하다. 살화단왕이여, 왕비여!"

(살화단왕경)

아홉 빛깔 착한 사슴

큰 강가에 숲이 있었습니다. 숲에는 아홉 빛깔 사슴이 살았습니다. 털빛이 아홉 가지여서 세상의 어떤 동물보다도 아름다웠습니다. 아홉 빛깔의 사슴은 까마귀와 형제처럼 지내며 숲속에서 같이 살았습니다.

어느 날 강물에 빠진 사나이가 떠내려오며 소리치고 있었습니다.

"사람 살려요! 사람 죽어요! 살려주시오!"

이 소리를 듣고 사슴은 강물에 뛰어들었습니다.

"겁내지 말고 내 뿔을 잡고 등에 올라타시오!"

사슴은 사람을 건져내었습니다. 목숨을 건진 사람은 사슴 앞에 꿇어 엎드려 말했습니다.

"덕택에 목숨을 구했습니다. 그 보답으로 내가 당신의 노예가 되어 드리지요."

아홉 빛깔 사슴은 그 말을 가로막았습니다.

"목숨을 건졌으니 다행입니다. 보시다시피 이 고운 털빛 때문에 내 생명을 노리는 사람이 많이 있습니다. 세상에 나가거든 나를 보았다는 말을 하지 않도록만 해 주세요."

"약속합니다. 그렇게 하기로 맹세합니다. 고맙습니다."

사나이는 아홉 빛깔 사슴에게 여러 번 절을 하고 집으로 돌아갔습니다. 그러나 거짓말 잘하고 욕심이 많은 그는 세 발자국도 못 가서 사슴의 은혜를 잊고 말았습니다.

이 나라에는 마음 착한 국왕이 있었습니다. 그러나 왕비는 마음씨가 나쁘고, 욕심이 많은 여자였습니다.

"상감, 어젯밤 꿈에 아홉 빛깔을 가진 찬란한 사슴을 보았어요. 그 사슴이 세상 어딘가에 있을 거예요. 나는 그 사슴의 가죽으로 옷을 만들어 입고 싶어요. 뿔로는 귀고리를 만들고 싶어요. 그 사슴을 잡아 주세요! "

왕비가 왕을 졸랐습니다. 졸리다 못해 왕은 방을 붙였습니다.

아홉 빛깔의 사슴을 찾는다. 이 사슴이 있는 곳을 가르쳐 주면 그 사람에게는 한 고을을 주겠다. 그리고 금 그릇에 은싸라기를 가득 담고, 은 그릇에 금싸라기를 가득 담아 상으로 주겠다!

그 때, 사슴이 목숨을 구해 준 욕심쟁이가 나섰습니다. 은혜를 잊은 그는 아홉 빛깔 사슴이 있는 곳을 가르쳐 주고 많은 상을 타기로 했습니다.

정신 없이 왕궁으로 달려간 욕심쟁이는 곧 국왕을 만났습니다.

"대왕님, 아홉 빛깔 사슴을 보았습니다. 저 강가의 숲에서 까마귀와 같이 살고 있습니다!"

이 말을 하자 은혜를 잊은 욕심쟁이는 입이 휙 돌아가고 말았습니다. 벌을 받은 것입니다.

왕은 사슴을 잡기 위해 군사를 모으고, 활과 창으로 무장을 시켰습니다. 왕이 욕심쟁이와 같이 수레를 타고, 군사의 앞장을 서서 숲으로 갔습니다.

그 때 아홉 빛깔 사슴은 풀을 뜯고 있었습니다. 동생 노릇을 하는 까마귀가 나무 위에서 군사가 온 것을 먼저 보았습니다.

"까옥까옥! 큰일났어요, 형님! 군사들이 숲을 둘러쌌어요. 국왕이 형님을 잡으러 왔어요!"

까마귀는 나무에서 날아내려 사슴의 귀를 쪼며 말했습니다.

깜짝 놀라 둘러보니 벌써 도망갈 수도 없는 형편이었습니다. 사슴은 각오를 하고 국왕이 타고 있는 수레 앞으로 나아갔습니다. 군사들이 일제히 사슴을 향해 화살을 겨누었습니다.

"잠깐 기다려라. 이 사슴은 보통 사슴이 아니다!"

왕이 군사들에게 활을 멈추게 했습니다.

아홉 빛깔 사슴은 국왕 앞에 머리를 굽히고 말했습니다.

"내 이야기를 듣고 그 다음에 나를 죽여 주십시오. 대왕께 저 있는 곳을 알린 사람은, 입이 돌아간 저 욕심쟁이였을 테지요?"

사슴은 욕심쟁이가 물에서 떠내려가는 가는 것을 구해준 이야기를 했습니다. 사슴에게 맹서한 이야기도 했습니다. 이야기를 들은 왕은 사슴을 칭찬하고, 군사를 돌렸습니다. 그러고 군사들에게 말했습니다.

"우리 백성이 왜 이렇게도 어질지 못한고? 저 사슴은 우리 백성의 생명을 구해준 은혜의 짐승이다. 보호하도록 하라. 저 사슴을 해치는 자는 크게 벌할 것이다!"

아홉 빛깔 사슴을 잡아 오기를 기다리던 왕비는 화가 치밀어 날뛰었습니다.

"한 나라의 왕이 사슴 한 마리를 못 잡아요? 이 왕비를 위해서 그만한 일을 못 해요? 아이, 죽어 버려야지!"

왕비는 부러 이런 말을 했지만, 정말 그녀의 죽음을 기다리는 지옥이 입을 벌리고 있었습니다.

땅이 쩍 갈라지더니 왕비와 은혜 모르는 욕심쟁이 사나이를 꿀떡 삼켜 버렸습니다.

(육도집경 정진도무극장)

임금 노릇은 괴로워

찰미왕이 변장을 하고, 몇 사람 신하와 같이 몰래 궁궐을 나왔습니다.

길가에서 신기료 할아버지가 신을 고치고 있었습니다.

"수고하십니다, 할아버지. 할아버지는 세상에서 누가 제일 행복하다고 생각하세요?"

왕이 묻자 신기료 할아버지가 대답했습니다.

"그야 대왕님이실 테지. 보아하니 당신도 나처럼 가난한 사람 같구려. 우리야 천날만날 고생이나 하는 거지요."

신기료는 허름하게 차린 이 늙은이가 왕인 줄 모르고 하는 말이었습니다.

"정말 그럴까요?"

찰미왕은 가지고 간 포도주를 꺼내어, 신기료 할아버지에게 권했습니다.

신기료 할아버지는 그만 술에 취해 정신을 잃고 말았습니다.

왕은 신하를 시켜 술에 취한 신기료 할아버지를 대궐로 옮겼습니다.

값진 옷을 갈아 입힌 다음, 왕관과 예복을 갖추어 옥좌에 앉혔습니다. 미리 짜 둔 대로 왕비와 신하가 이 착한 백성을 하루 동안 왕으로 모시기로 한 것입니다.

신기료 할아버지가 술에서 깨어 보니 자기는 왕이 되어 있었습니다.

'어? 이거 어찌된 일인가?'

좌우를 살피고, 자기의 모습을 살폈습니다. 왕비가 옆에서 지키고 서서 천연스럽게 말했습니다.

"대왕께서 많이 취하셨어요. 술에 취해 계시는 동안 정사가 많이 밀렸습니다. 속히 결재를 하셔야 합니다."

신하가 차례로 들어와 보고를 하고 결재를 재촉하는 것이었습니다. 신기료 할아버지는 무슨 영문인지 몰라 쩔쩔매고 있었습니다.

신기료 할아버지는 왕비에게 말했습니다.

"내가 꿈에 신기료 장수 노릇을 했었지요. 그 때문에 바보 임금이 돼 버린 것 같소. 신을 깁던 기억은 나는데, 임금 노릇하던 기억은 싹 잊은 것 같소."

신기료 할아버지는 하루 종일 실수만 하고, 신하들에게 부대끼는 임금 노릇이 아주아주 괴로웠습니다.

'꿈에 어떤 늙은이를 만나서 임금이 제일 행복하다고 했었지. 그게 아니야. 신기료가 백 배 낫지. 진절머리나는 임금의 자리를 팽개치고 신이나 기웠으면 오죽 좋을까?'

겨우 하루 해를 넘겼습니다.

"후유!"

신기료 할아버지는 예복을 벗고, 침대에 누워서 생각했습니다.

'신기료가 백 배 낫지. 임금 노릇은 천하에 못할 짓이다.'

그 때 시녀들이 들어오더니 악기를 타며 술을 권했습니다.

"대왕께서는 이제 정사를 잊으시고 술이나 드시지요."

그러지 않아도 괴로움을 잊었으면 했던 참이라, 신기료 할아버지는 술을 꿀꺽꿀꺽 마셨습니다. 그러자 곧 술에 취해, 정신을 잃었습니다.

찰미왕은 신기료 할아버지에게 때묻은 옷을 다시 입힌 다음, 일하던 가게에 옮겨서 눕혀 두게 했습니다.

이튿날 변장을 한 찰미왕이 다시 신기료 할아버지를 찾았습니다.

"아니 당신이 준 그 술에 취했다가 이제 깨어났소. 꿈에 왕이 되어 봤지요. 그 왕의 자리란 게 이만저만 괴로운 게 아니더군. 신기료 장수가 백 배 낫지. 왕이 가장 행복하다는 내 생각을 이제 고치기로 했소."

이 말을 듣고 찰미왕은 허허, 웃었습니다.

(육도집경 8권 찰미왕경)

은혜를 잊은 호랑이

호랑이가 짐승을 잡아먹다가 입안에 뼈가 버티어 빠지지 않았습니다. 입을 다물지 못하게 되었습니다. 먹이를 먹거나 물을 마실 수도 없었습니다. 이제 죽을 수밖에 없게 되었습니다.

숲속에 공작새 왕이 살았습니다. 공작새 왕은 마음 아파하며 호랑이를 구해 주기로 했습니다. 공작새 왕은 호랑이 입속에 들어가 입안에 버티고 있는 뼈를 쪼아서 뜯어내었습니다. 공작새의 부리에서 상처가 나고 피가 났습니다. 호랑이를 살려 준 다음 공작새 왕은 호랑이를 타일렀습니다.

"산 목숨을 함부로 잡아먹는 것은 나빠요. 바꾸어 당신이 잡아먹힌다고 생각해 보세요."

그러자 호랑이는 으르렁거리며 말했습니다.

"네가 내 입안에서 떠났으니 이제 함부로 지껄일 수 있구나! 어흥!"

(육도집경 제5권 작왕경)

부처님의 물고기 살리기

코살라에 비가 내리지 않았습니다. 곡식이 마르고 늪과 못물이 말랐습니다. 기원정사 가까이에 있는 기원연못에도 물이 말라 물고기들이 진흙 속에 숨거나, 자국물에 몰려 오물거렸습니다.

솔개나 까마귀들이 날아와 창끝같은 부리로 물고기와 자라들을 쪼아 먹고 있었습니다. 부처님이 물고기와 자라의 재난을 보시고 자비심을 일으키셨습니다.

'오늘 내 힘으로 비가 내리게 하리라.'

공양을 마친 다음, 부처님은 아난다를 부르셨습니다.

"아난다야! 저 기원연못 물로 목욕을 해야겠다. 연못 물을 좀 떠 오너라."

"세존이시여! 저 기원연못에는 물이 말라 지금은 맹개미흙뿐입니다."

"아난다야, 너는 모르는구나. 내가 이 연못에 물이 가득차게 하겠다."

부처님은 목욕 옷으로 갈아입으시고 기원연못 계단에 서계셨습니다.

그 순간 누른 빛깔로 된 제석천왕의 돗자리가 뜨끈해졌습니다.

'무슨 일 때문일까?'

제석이 내려다보니 부처님이 가뭄에 허덕이는 물고기와 거북을 살리기 위해서 목욕 준비를 하고 계셨습니다.

제석은 급히 비를 맡은 천신을 불러 명령을 내렸습니다. .

"지금 곧 코살라국에 큰물이 내려갈만치 비를 내려라!"

천신은 구름 조각으로 만든 날개 옷을 입고 구름의 노래를 부르면서 동방 세계를 향해 급히 날아갔습니다.

큰 구름을 일으켜 십만 조각으로 나누었습니다. 한 조각의 구름에 수백 동이의 비를 실었습니다. 번개를 치고 천둥을 울리며 비를 뿌렸습니다. 이 모든 일이 순간에 이루어졌습니다.

좍좍 비가 내렸습니다.

코살라 나라의 모든 산과 들, 논밭에 생기가 돌았습니다. 내와 강에 물이 괴어서 흘렀습니다. 연못마다 물이 괴었습니다. 기원연못에도 물이 그득 괴었습니다. 목말라 허덕이던 물고기와 자라는 모두 살아났습니다. (본생경 75번째 이야기)

용왕의 눈물

마음씨 나쁜 용왕이 있었습니다. 이름은 발저라 했습니다.

발저 용왕은 큰 우물을 의지해 살면서 바람과 비와 벼락으로 많은 사람과 동물을 괴롭히고 있었습니다.

"저 용왕을 타일러서 죄를 짓지 못하게 해야겠다."

부처님 제자들이 용왕을 타이르려고 발저의 우물로 갔습니다.

발저는 폭우를 내리고 바람을 일으켰습니다. 우박을 내리고 벼락을 때려, 사람들이 가까이 오지 못하게 했습니다. 제자들은 물러나는 수밖에 없었습니다.

제자들이 부처님께 가서 여쭈었습니다.

"발저 용왕이 죄를 짓고 있습니다.

부처님만이 그를 바르게 가르칠 수 있을 것 같습니다."

"내가 나서마."

부처님이 발저의 우물로 갔습니다. 발저 용왕은 부처님을 향해 폭우를 쏟고 바람을 일으켰습니다. 우박을 내리고 천둥을 울리면서 벼락을 때렸습니다.

그런데 부처님이 도착하자 벼락과 우박과 빗줄기가 모두 허공에서 꽃송이가 돼 떠다녔습니다. 천둥도 멎고 벼락도 멎었습니다. 그 사이를 부처님이 광명을 놓았습니다. 부처님의 광명이 사방으로 비치자 용왕을 두려워하던 사람들이 부처님께 모여들었습니다.

용왕은 더욱 화를 냈습니다.

"저 고타마가 나를 방해한다! 아주, 내가 질 줄 알구!"

발저 용왕은 바위 비를 내리기 시작했습니다. 지름이 네 발이나 되는 큰 바윗덩이를 하늘에서 수없이 떨어뜨렸습니다.

그러나, 바위는 모두 땅에 떨어지기 전에 일산이 돼 허공에 둥둥 떠다녔습니다. 하늘이 온통 아름다운 꽃과 일산으로 가득해졌습니다.

"안 되겠다." 하고 발저 용왕은 우물에서 하늘로 치솟아 올랐습니다. 그러고 구름을 잡아탔습니다. 40발이나 되는 몸뚱이를 사려서, 천길만길 하늘에서 내리뛰었습니다.

"에잇, 고타마의 머리 위에 떨어져라!"

그러나 부처님의 머리 위를 겨누지 못하고 야문 맨땅에 떨어졌습니다.

"아이쿠, 아야!"

발저 용왕은 한참 동안 까무라치고 말았습니다. 정신을 차리고 보니 부처님이 곁에 서 있었습니다.

"용왕이여, 사람들을 괴롭혀서는 안 된다."

"부처님, 잘못했습니다. 용서하십시오!"

용왕은 부처님 자비의 눈을 바라보면서, 눈물로 뉘우쳤습니다.

(구잡비유경 57번째 이야기)

허공에 앉고 눕기

어느 때 부처님이 제자 1천 명을 거느리고 마가다 나라 왕사성 밖에 이르렀습니다. 그러고 니그로다 나무 아래에 자리를 잡았습니다.

마가다의 빈비사라왕이 부처님을 뵙기 위해서 왔습니다. 왕을 따라온 신하와 성내 사람들이 부처님께 예배하고 한쪽에 앉아 있었습니다.

사람들은 부처님 제자 중에 우루빈라가섭이 있는 것을 보고 놀랐습니다. 그는 이전까지 배화교의 우두머리였기 때문이었습니다.

"어째서 저 사람이 부처님 제자가 되었지?"

사람들이 궁금해 하는 마음을 알고 부처님은 우루빈라가섭이 대중 앞에 나서도록 일렀습니다.

가섭은 여의족(如意足)을 보여주기로 했습니다. 그것은 허공을 마음대로 다니는 신통력이었습니다. 그는 앉았던 자리에서 허공으로 솟아올랐습니다. 그러고 허공의 동쪽에 가부좌를 하고 앉았습니다. 허공에 앉았지만 그 자세가 흐트러지지 않아 반석 위에 앉은 앉음새였습니다.

우루빈라가섭은 곧 허공의 자리에서 일어나 허공 위를 동서남북으로 걸었습니다. 지상을 걷는 것처럼 걸음에 허트러짐이 없었습니다. 바라보는 사람들이 숨을 죽였습니다. 그러다가 우루빈라가섭이 허공에 누웠습니다. 그 자세가 흐트러지지 않아 마치 반석 위에 누운 듯했습니다.

얼마쯤 지나서 우루빈라가섭은 불의 신통력을 보이기 시작했습니다. 몸에서 파랑 불길이 솟았습니다.

"앗 저것 봐!"

사람들이 놀라는 순간 파랑 불이 꺼지고 노랑 불길이 솟았습니다.

다음으로 빨강 불길, 흰 불길이 몸에서 솟았습니다. 수정 빛깔의 불길이 솟기도 했습니다. 그래도 우루빈라가섭의 몸은 타지 않았습니다.

다시 몸 아래에서 불을 내면서 윗몸에서 물을 내뿜기 시작했습니다. 아랫도리로 물을 뿜어내고 윗몸으로는 불을 뿜기도 했습니다. 모두가 허공에 앉고, 서고, 누워서 하는 조화였습니다. 반비사라왕은 이 광경이 놀랍고 황홀하여 어리둥절하기만 했습니다. 그러던 우루빈라가섭은 허공에서 내려와 부처님께 예배하고 여쭈었습니다.

“저의 신통력이 이쯤 되지만 부처님을 따르지는 못합니다. 부처님은 일체의 지혜를 갖추셨지만 저는 이를 갖추지 못했습니다.

부처님이 일렀습니다.

“그렇다. 우루빈라가섭이여! 내게는 일체의 지혜가 있지만 너는 아직 그것을 갖추지 못하였다. 힘써 수행을 해야 하느니라.”

이 말에 우루빈라가섭은 계속 머리를 조아렸습니다.

“제자의 능력이 저 정도인데 그 스승인 부처님의 신통력은 어느 정도이실까?”

빈비사라왕과 대중은 놀라워하며 자리를 떠나지 못했습니다.

(아함부 빈비사라왕 영불경)

3

다섯 빛깔 사슴왕

어리석음이라는 상처

왕사성 남쪽에 큰 산이 있었습니다. 성에서 2백 리 떨어진 곳이었습니다. 이 깊은 산중에 5백 명 도적떼가 지나는 사람들을 괴롭히고 있었습니다. 국왕이 이들 산적을 토벌하기 위해 군사를 보냈으나 산세가 험한 곳이어서 실패하고 말았습니다.

"저 어리석은 도적을 내가 건져야지."

이렇게 말하고 부처님이 나섰습니다. 부처님은 젊은 대장으로 몸을 바꾸고, 갑옷을 입고, 칼을 차고, 활을 들었습니다. 그러고 말 위에 올라타셨습니다. 말 안장과 목사리와 방울을 금은 보배로 꾸몄습니다. 말을 탄 부처님은 활을 겨누면서 산중으로 들어갔습니다.

도적들은 홀몸으로 도적숲에 들어서는 장수를 보고 그를 비웃었습니다.

"도적이 된 지 여러 해지만 이처럼 좋은 기회가 없다. 저 대장차림의 사나이가 우리와 대적하려는 건 달걀로 바위치기다."

"저 말방울만 빼앗아도 큰돈이 되겠는걸."

그때 젊은 대장이 도적의 굴 앞을 지나고 있었습니다.

"멈추어라!"

큰소리치면서 5백 도적이 활과 칼을 대장에게 들이대었습니다. 그러나 젊은 대장에게는 화살도 칼도 닿지 않았습니다. 이 때에 젊은 대

장이 활을 쏘았습니다.

ㅡ피융!

한 개의 화살을 쏘았는데 허공에서 5백 개 화살이 되었습니다. 그 5백 개 화살이 5백 도적에게 하나씩 꽂혔습니다.

칼을 한 번 휘두르자 5백 도적에게 모두 상처가 났습니다. 화살은 깊이 꽂히었고 칼을 맞은 상처는 깊었습니다. 도적들은 똑같이 신음소리를 내며 쓰러졌습니다.

갑자기 부처님으로 모습을 바꾼 대장이 외쳤습니다.

"어리석은 중생들아, 몸의 상처보다 마음의 상처를 고통으로 알아야 한다. 그 상처 중에서도 '어리석음'이라는 상처를 먼저 고쳐야 하느니라."

도적들은 모두 머리를 조아렸습니다.

"부처님의 위력에는 꼼짝 못한다. 항복을 하자."

"부처님, 저희들을 불쌍히 여기셔 거두어 주십시오. 부처님을 따르겠습니다."

우두머리 도적이 어쩔 바를 몰라하며 슬픈 소리로 말했습니다.

부처님이 타일렀습니다.

"덕을 쌓고 지혜를 배워라."

"예, 예."

도적들이 부처님 앞에 엎드려 있는 동안에 깊이 박혔던 화살은 모두 빠지고 상처는 아물었습니다. (법구비유경⑤ 다문품)

파야왕의 보시

파야나라 파야왕이, 나라 안에서 무기를 없애 버렸습니다. 칼이나 창과 활을 볼 수 없게 되었습니다. 이어서 감옥을 폐하고 몽둥이나 형구를 모두 없애 버렸습니다. 그러자 길거리에서 백성들이 걱정하는 소리를 들을 수 없게 되었습니다. 살기 좋은 나라가 되자, 하늘의 모든 천신이 칭찬을 했습니다.

그런데, 이웃나라에 욕심장이 악왕이 있었습니다. 파야왕이 어질고, 파야 나라가 잘 산다는 말을 듣고 신하들을 모았습니다.

"파야 나라를 빼앗아 내 것으로 하리라. 싸우면 반드시 이길 것이다. 저 파야왕의 머리를 베어오는 자에게 남녀 노예 천 명을 상으로 줄 것이다. 말 천 필을 곁들여 상으로 주고, 소 천 마리를 주고, 금과 은을 각각 천 근씩 줄 것이다."

신하 한 사람이 말했습니다.

"전쟁을 일으켜도 이기지 못할 것입니다. 파야왕 한 사람만으로도 능히 천 명의 군사를 대적할 수 있습니다."

"다른 말은 말라. 전쟁이 있을 뿐이다!"

악왕은 꽥 소리친 다음 군사를 일으켜 파야 나라로 쳐들어갔습니다.

적군이 온다는 말을 듣고 파야왕은 크게 한탄했습니다.

"악왕이 가엾구나. 무엇 때문에 표범이 되고 이리가 되려 하는가. 나는 그러지 않으리라. 한 입에다 한꺼번에 두 끼의 음식을 먹을 수는 없다. 한 몸뚱이에 두 몫의 옷을 입을 수도 없다. 무엇하러 욕심을 부리는가."

왕은 모인 신하들을 물러가게 한 다음, 그날 밤 몰래 성을 넘었습니다.

"내가 없으면 싸울 것도 피 흘릴 것도 없을 것이다."

그렇게 말하고 파야왕이 멀리 달아나고 말았습니다. 나라와 나라의 재산을 아주 악왕에게 주어 버리자는 생각이었습니다.

파야왕이 나무 밑에 이르러 잠시 쉬고 있는데 한 늙은 바라문이 지나다가 물었습니다.

"파야 나라 대왕께서 평안하시오?"

"그 임금님은 벌써 죽었어요."

"저런! 내가 의지할 곳을 잃었구나."

왕의 말을 듣고 바라문은 땅을 치며 슬피 우는 것이었습니다.

"바라문이여, 왜 그러시오?"

"나는 이제 의지할 곳을 잃었어요."

파야왕이 덕이 있어 하늘같다기에 내 늙은 몸을 의지하여 목숨을 보전하려 했더니 이제 그만이구려."

파야왕은 노인이 가엾다는 생각을 했습니다. 그러고 어떻게 하면 노인을 도울 수 있을까 생각했습니다. 그러던 왕이 말했습니다.

"좋은 방도가 있어요. 내 머리를 잘라 악왕에게 가지고 가시오. 자손대대로 잘살게 될 것이오. 내 목에 남녀 천 명의 노예, 말이 천 필, 소가 천 마리, 금은이 각각 천 근씩 현상이 걸려 있어요."

"아니어요. 그렇게 할 수는 없습니다."

바라문은 말도 아니라며 손을 저었습니다.

"그렇다면 내가 잘라서 드리지요. 갖고 가서 파야왕의 머리라고만 하시오."

왕은 자기의 칼로 자기 목을 잘랐습니다. 끔찍한 일이었지만 목을 잘라 놓았으니 할 수 없는 일이었습니다.

바라문은 파야왕의 머리를 가지고 악왕의 진중으로 갔습니다.

늙은 바라문으로부터 이야기를 들은 악왕은 군사들을 멈추게 했습니다.

"참으로 나는 나쁜 왕이다. 어찌 이처럼 무도했던고?"

악왕은 감동의 눈물을 떨어뜨렸습니다.

악왕은 파야왕의 몸을 찾아 머리를 붙이고 그 위에 금박을 입혔습니다. 그리고 옥좌에 앉혀 왕을 삼았습니다.

32년이 지나, 파야왕의 왕자가 자라자 그를 왕으로 받들고 악왕은 그 신하가 되었습니다. 이웃나라에서 파야왕과 악왕을 모두 칭찬하게 되었습니다.

(육도집경 보시도무극장 파야왕경)

삶은 콩 한 움큼

왕이 부처님과 제자들을 청해다가 보시하는 모임을 가졌습니다. 가난한 할머니 한 사람이 이 소문을 들었습니다.

"나도 부처님과 제자들에게 올릴 것이 있다."

할머니는 삶은 콩 한 움큼을 가지고 대궐로 갔습니다. 그러나 문지기들이 지키고 서서 들여보내 주지 않았습니다. 부처님이 공양을 들다가 신통력으로 이것을 보았습니다.

'저 할머니를 도와주어, 복을 짓게 해야겠다.'

이렇게 생각한 부처님은 할머니가 가진 콩이 날아와 부처님과 제자들 바루에 하나씩 떨어지게 했습니다.

"부처님과 존자님들 밥에 콩을 섞다니?"

같이 공양을 들던 왕이 깜짝 놀라며 요리사를 꾸짖었습니다. 그러자 부처님이 말씀하셨습니다.

"아니오, 대왕. 이 삶은 콩은 대궐 문 밖에 서 있는 저 할머니의 것이오. 할머니가 한 움큼 삶은 콩을 보시한 공덕은 대왕이 베푼 보시의 공덕에 못지 않소."

(중경찬 잡비유경 5번째 이야기)

한 움큼의 물과 바닷물

보물섬을 향해 떠난 배가 며칠째 파도를 헤쳐 가고 있을 때였습니다.

"배를 멈추어라!"

외치고, 바다의 신이 무서운 괴물의 모습을 하고 나타났습니다.

괴물의 키는 산처럼 크고 얼굴빛은 검푸르고, 긴 송곳니가 입 밖으로 뻗어 있었습니다. 머리에는 뿔이 나있고 눈에서는 불빛이 흘렀습니다. 배를 탄 사람들은 괴물에게 먹힐까봐 벌벌 떨었습니다.

"배는 움직이지 못한다."

괴물은 배를 거머잡고 놓아주지 않았습니다.

"대답을 하라. 나보다 무서운 것은 없을 테지?"

그 때, 배를 이끄는 길잡이가 나서서 말했습니다.

"있다. 너보다 몇 배 더 무서운 것이 있다. 그것은 지옥의 옥졸이다. 지옥의 옥졸은 얼굴빛도 너보다 더 무섭고 눈도 더 무섭다. 손톱은 큰 쇠갈퀴 같다. 그는 죄인을 심판해서 죄를 다스린다. 칼로 베기도 하고 절구에 넣어 찧기도 한다. 칼산과 칼나무, 끓는 솥에 죄인을 집어던져 고통을 받게 한다. 무서운 것을 말로 다 할 수 없다."

"그런가?" 길잡이의 말을 듣고 괴물은 고개를 끄덕이더니, 배를 놓아주고 자취를 감추었습니다.

배는 계속 나아갔습니다. 그런데 이튿날, 바다의 신은 다른 괴물 모습을 하고 나타났습니다.

"배를 멈추어라! 물어볼 말이 있다."

소리치는 괴물은 가는 막대기를 세워 놓은 것같이 바짝 마른 말라깽이였습니다. 갈비뼈가 앙상하게 드러나 있고, 가느다란 목이 해골 같

은 머리를 받치고 있는데, 눈이 움푹 들어가 있었습니다. 온몸에 뼈마디와 힘줄만 툭 불거져 있었습니다.

"세상에서 나보다 여윈 것은 없을 테지?"

"있다. 그것은 아귀다. 욕심 많은 사람이 죽으면 아귀로 태어난다. 아귀의 배는 산처럼 큰데, 목구멍은 바늘같이 가늘다. 배는 크지만 물이나 음식이 넘어가면 목에 불이 난다. 그래서 먹지 못한다. 물 한 방울 먹지 못하고 몇 천 년을 사는 것이 아귀다."

"그래?"

말라깽이 귀신은 고개를 끄덕이더니, 배를 놓아주고 자취를 감추었습니다. 그런데 다시 하루가 지나자 바다의 신은 아주 멋쟁이 모습으로 나타났습니다. 그는 바다의 물을 한 움큼 떠서 들고 물었습니다.

"나는 바다의 신이다. 대답하라! 이 손안의 물이 많은가, 바다의 물이 많은가?"

길잡이가 대답했습니다.

"모르는 사람은 바다의 물이 많다고 할 테지. 그러나 손안의 물이 많다. 내가 가진 것은 남에게 베풀 수 있기 때문이다. 적은 바닷물 한 움큼이라도 그것을 남에게 베풀면 그 공덕은 영원하다. 그러나 저 바닷물은 세상이 끝날 때 일곱 개 태양이 나타나면 말라서 없어질 것이다."

이 말을 듣고 바다의 신은 크게 기뻐하면서 온갖 보물을 길잡이에게 주었습니다.

(현우경 5번째 이야기)

살을 베푼 물고기

전어라는 물고기왕은 몸의 길이가 5리에 뻗칠 만한 크기였습니다.

'어떻게 하면 남을 도울 수 있을까?'

전어는 남을 돕는 것이 소원이었습니다.

바닷가 마을에 흉년이 들어 사람들이 굶주리고 있었습니다.

"이들을 구하자!"

이렇게 말하고 전어는 몸을 던져 뭍으로 뛰어올랐습니다.

"야, 산같은 물고기가 나타났다."

사람들이 우루루 달려와서 물고기의 살을 베어 갔습니다.

"이제 우리는 굶주리지 않아도 된다."

사람들은 기뻐하며 떠들었습니다. 그러나 살을 주고 있는 전어는 견딜 수 없을 만큼 상처가 아팠습니다.

천신이 하늘에서 내려와 물었습니다.

"복짓는 일이로군. 그러나 그런 고통을 참고 어떻게 견디냐? 차라리 목숨을 끊어버리지 그래."

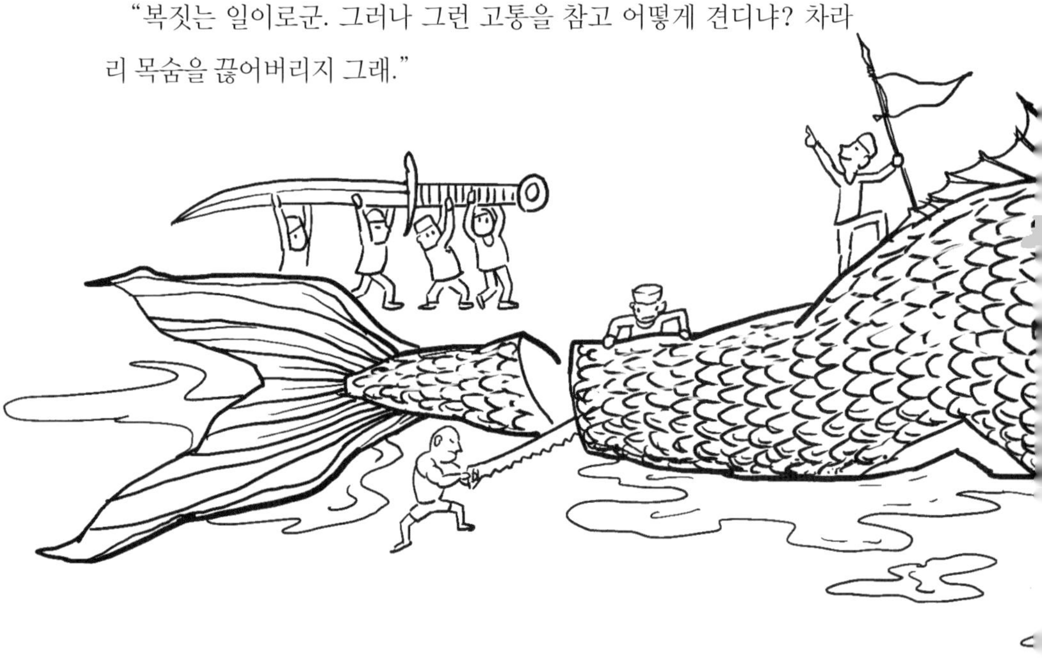

전어가 대답했습니다. .

“죽어서는 안 돼요. 죽으면 내 살이 썩거든요. 사람들이 썩은 고기를 먹지는 못해요.”

물고기는 말할 수 없는 고통을 오래 동안 견디면서 마지막 뼈 한 개까지 사람들에게 베풀었습니다.

전어라는 이 물고기왕은 부처님의 전신이었대요.

(육도집경 보시도무극장)

가난한 묘지기

가난한 묘지기가 있었습니다.

가난하긴 했지만 베품을 즐거움으로 여겼습니다.

"묘지기는 이승에서 저승을 이어 주는 사람이다. 공덕이 크다."

그렇게 그는 생각했습니다.

죽은이의 주검을 정성껏 만져 주고 좋은 세상에 가도록 빌어 주었습니다. 무덤을 잘 돌보아 주었습니다.

"고맙습니다. 적은 정성을 뿌리치지 마십시오."

죽은이의 자녀들이 묘지기에게 사례를 했습니다.

묘지기는 주는 대로 받아서 그것을 간수해 두었다가 자기가 먹을 만치만 남기고 나머지를 왕에게 드렸습니다.

"이것을 받아 주십시오. 저보다 가난한 이를 위해 써 주십시오."

"기특한 백성이로군."

그렇게 말하고 오래 지켜보던 왕이 묘지기에게 물었습니다.

"그대가 노력한 댓가로 얻은 재물을 세상에 내어놓으면 어쩌누?"

"세상은 나 하나만 살라는 것이 아닌 줄 압니다."

"그래그래, 그대의 말이 옳다."

왕은 착한 아가씨를 골라서 묘지기에게 아내를 삼게 하고 작은 집과 가재를 주어 안락하게 살도록 해 주었습니다.

(육도집경 계도무극장)

다섯 빛깔 사슴왕

털빛이 다섯 가지인 사슴왕이 있었습니다. 뿔과 발굽이 아름다운 사슴이었습니다.

인간의 왕이 사슴의 고기를 좋아하여 날마다 사슴 사냥을 나갔습니다. 사슴들은 사냥꾼에게 쫓겨 다니느라 절벽에서 떨어지고 구렁에 빠지고 했습니다. 많은 사슴이 다쳤습니다.

"이래서는 안 되겠군."

하고 사슴왕은 인간의 왕을 만나기로 했습니다.

사슴왕이 왕궁을 찾아 들어가자 사람들은 놀라워했습니다.

"다섯 빛깔 사슴왕이 온다. 저 뿔과 발굽이 정말 아름답구나."

사슴왕은 인간의 왕을 만나서 말했습니다.

"인간의 왕이여. 우리는 사냥꾼에게 쫓겨 맛나는 풀조차 뜯어먹을 수가 없어요. 차라리 우리 사슴들이 차례를 정해서 몸을 바치러 가겠습니다. 하루에 얼마의 사슴이 필요합니까?"

인간의 왕이 말했습니다.

"사슴왕이여. 하루에 한 마리의 사슴이면 족하오."

"날마다 한 마리씩 대어줄 테니 사냥을 그치시오."

"그렇게 하겠소."

돌아간 사슴의 왕은 사슴 무리를 모아 놓고 죽음의 당번을 정했습니다. 그러고 날마다 한 마리의 사슴을 인간왕의 왕궁으로 보내었습니다.

그러던 어느 날 암사슴 한 마리가 사슴왕에게 여쭈었습니다.

"오늘이 저희 차례인데 저는 임신중입니다. 아기 사슴을 낳을 때까지만 차례를 물려 주십시오. 죽음을 두려워하는 것은 아닙니다."

"그래? 그렇다면 내가 대신 가마."

이 날은 암사슴 대신 사슴왕이 인간의 왕궁에 가서 주방을 찾았습니다. 주방장이 놀라 왕에게 여쭈었습니다.

"오늘은 다섯 빛깔 사슴이 왔습니다. 뿔과 발굽이 아주 예쁜 사슴입니다."

"그렇다면 사슴왕인가보다."

인간왕이 사슴왕을 불렀습니다.

"사슴왕이여! 왜 스스로 죽으려고 왔소?"

"인간의 왕이시여. 실은 임신한 암사슴의 차례가 되어 내가 대신 왔습니다. 태어날 아기 사슴을 살리기 위해서입니다."

사슴왕의 말에 인간의 왕이 크게 깨달았습니다.

"나는 사슴왕에게 미치지 못하는구나."

이로부터 인간의 왕은 사슴을 죽이지 못하게 하였습니다. 사냥까지 금했으므로 사슴과 그 밖의 산짐승들이 마음놓고 살 수 있게 되었습니다.

(육도집경 보시도무극장)

누구나 다 알지만 잘 안읽은 이야기

팔만대장경 ❻

펴낸 곳 | 도서출판 솔바람

펴낸이 | 이동출

기획한이 | 형난옥

엮은이 | 신현득

그림그린이 | 송교성

편집 | 김용란

디자인 | 김용아

초판 1쇄 인쇄 | 2021년 5월 15일

초판 1쇄 발행 | 2021년 5월 19일

등록일 | 제5-191호 1989.07.04

주소 | 서울시 종로구 삼봉로 81 두산위브 파빌리온 1231호

전화 | 02- 720- 0824 팩스 | 02- 391- 1598

ISBN 978-89-85760-99-7
ISBN 978-89-85760-90-4 74220 (세트)